「國家公園之父」約翰・繆爾的傳奇人生

荒野之子
WILDHEART
THE DARING ADVENTURES OF JOHN MUIR

Julie Bertagna 茱莉・貝塔納——著　　William Goldsmith 威廉・戈德史密斯——繪

林麗雪——譯

你相信
星星嗎？

約翰‧繆爾對於保護與維護野外環境的熱情與投入，至今仍持續鼓舞許許多多的人。藉由保護並享受我們喜愛的地方，每一個人都可以協助推動他的願景，而我們現在的行動也將對未來所有世代至關重要。
——約翰‧繆爾的曾曾孫　羅伯特‧漢納（Robert Hanna）

小野人 32

荒野之子

「國家公園之父」約翰‧繆爾的傳奇人生

【得獎漫畫版】（全彩）

作　　者	茱莉‧貝塔納 Julie Bertagna
繪　　者	威廉‧戈德史密斯 William Goldsmith
譯　　者	林麗雪

野人文化股份有限公司　　讀書共和國出版集團

社　　長	張瑩瑩	社　　　長	郭重興
總 編 輯	蔡麗真	發行人兼出版總監	曾大福
副 主 編	陳瑾璇	業務平臺總經理	李雪麗
責任編輯	李怡庭	業務平臺副總經理	李復民
行銷企劃	林麗紅	實 體 通 路 協 理	林詩富
封面設計	萬勝安	網路暨海外通路協理	張鑫峰
內頁排版	洪素貞	特 販 通 路 協 理	陳綺瑩
		印　　　務	黃禮賢、李孟儒

出　　版　　野人文化股份有限公司
發　　行　　遠足文化事業股份有限公司
　　　　　　地址：231新北市新店區民權路108-2號9樓
　　　　　　電話：（02）2218-1417　傳真：（02）8667-1065
　　　　　　電子信箱：service@bookrep.com.tw
　　　　　　網址：www.bookrep.com.tw
　　　　　　郵撥帳號：19504465遠足文化事業股份有限公司
　　　　　　客服專線：0800-221-029
法律顧問　　華洋法律事務所　蘇文生律師
印　　製　　凱林彩印股份有限公司
初　　版　　2020年04月

國家圖書館出版品預行編目資料

荒野之子：「國家公園之父」約翰‧繆爾的傳奇人生 / 茱莉‧貝塔納 (Julie Bertagna) 作；威廉‧戈德史密斯 (William Goldsmith) 繪；林麗雪譯. -- 初版. -- 新北市：野人文化出版：遠足文化發行，2020.04
　　面；　公分. -- (小野人；32)
全彩得獎漫畫版
譯自：Wildheart : the daring adventures of John Muir
ISBN 978-986-384-422-8(平裝)

1. 繆爾 (Muri, John, 1838-1914) 2. 傳記
3. 自然保育 4. 漫畫

785.28　　　　　　　　　　　109003335

Text copyright © 2019 by Julie Bertagna
Illustrations copyright © 2019 by William Goldsmith
Published by arrangement with Rights People, London, through The Grayhawk Agency.
Complex Chinese edition copyright © 2020 by Yeren Publishing House

野人文化　　野人文化
官方網頁　　讀者回函

荒野之子

線上讀者回函專用 QR CODE，你的寶貴意見，將是我們進步的最大動力。

目錄

就連郵票上都有約翰·繆爾！

主要人物

小約翰・繆爾

青年約翰・繆爾

繆爾的愛犬史蒂金

老約翰·繆爾

繆爾的父親

繆爾的爺爺

繆爾的母親

繆爾的妹妹莎拉

繆爾的弟弟大衛

繆爾的孩子旺達與海倫

繆爾的妻子露意莎

西奧多・羅斯福總統

7

1. 蘇格蘭的野孩子

我住在蘇格蘭鄧巴鎮時，還是個小男孩，當時日子緩慢得像移動的冰川一樣……

我三歲就被送到學校。

七 乘 七 是……

啾啾！啾啾！

呼嚕

啾啾！啾啾！

雲雀？

啾啾！啾啾！

欸！

不可以這樣！孩子，專心點！

11

教室外的世界才是我真正的學校。

只要一逮到機會，

我就溜到外面去野。

大衛，看誰先跑到城堡那裡喔！

你給我回來，不然看我怎麼修理你！

才不要！

整個鄧巴鎮就是我最棒的教室！

第一個跑到最頂端的，就是城堡之王！

最後一個就是愚蠢的小搗蛋鬼！

我攀爬像山丘一樣的城堡，然後花好幾個小時在有許多岩石的海岸與田野遊蕩。在那裡，我們就像野生動物一樣自由自在。

海盜！

嚇我一大跳，你們這群討人厭的傢伙！❶

我像研讀課本與聖經一樣，認真研究鄧巴鎮的野生動物。

我可以從鳥蛋、鳥巢或鳥叫聲，辨別那是一隻什麼鳥。

鰹鳥！

❶此處為繆爾在模仿海盜說話。

19

你穿海藻裙！

你是海菜頭！

哎呀！被螃蟹攻擊了！

好吧，我們就順便洗個澡吧！

我們喜歡在惡劣的暴風雨中觀看海浪，在海洋與天空融為一體時，看雷電打在黑色的岬角上。最重要的是，我們喜歡玩各種危險的「scootcher」遊戲❷，當時膽子可大了。

浪一來就踏過去！scootcher！

※呼唰唰唰（海浪拍岸聲）

啊啊啊！

WHOOOOOSH!

❷約翰·繆爾與他的童年玩伴將各種冒險、試膽遊戲，稱為scootcher。

21

我抓住
你的手了！

23

24

25

2. 乘風破浪，
　　航向美國！

有一天，爸爸給了我們改變人生的一大驚喜。

孩子們，把書放下吧。

我們要去美國生活了！

啥？

不必再讀書了！約翰，我們將會住在一望無際的樹林裡，那裡充滿了美好的事物。樹長在遍地黃金的土地上，而且樹上滿滿都是糖……

哇！太棒了！
我自由了！

嘎！

美國在
哪裡啊？

在鄧巴鎮
附近嗎？

那天晚上，我根本睡不著。我怕
自己一覺醒來，發現這一切竟是
一場夢……

ZZZZ

我和父親、弟弟大衛、妹妹莎拉一起航行。

我們將蓋一間夠大的房子，到時候媽媽和弟弟妹妹也會過來。

照顧弟弟和妹妹喔，不要再玩「scootcher」遊戲了。

媽媽，我會想念你的。

別哭了，安。我們會在美國為你蓋一棟漂亮的房子。

你們走吧。我會撐過去的。

在一望無際的藍色曠野中，我看到了宇宙中所有一切都相連在一起。

有人說，這個世界是特別為人類所建造的，真的是這樣嗎？

※噁！(嘔吐聲)

35

經過六週的海上航行，我們乘著風的翅膀飛向了新未來……

喂，陸地！

好荒涼啊！

全部都光禿禿的啊！

當我們坐在前往威斯康辛州的牛車上，穿越沼澤與沒有路的山丘時，感覺就像在暴風雨中的船上。

直到我們看見陽光下的林中小屋，那座小屋可以俯瞰一片花團錦簇的草地❸，以及一潭波光粼粼的湖水，這一刻，我和大衛覺得我們到家了。

❸原文為glacier meadow，指冰河的冰融化後所灌溉、滋養出的草原。

忽然「掉進」壯麗的曠野之中，讓我們像雲雀一樣，快樂得不得了。

大自然迎面撲來，教了我們許多充滿野性的精采課程。

戈咿咿咿！

啄木鳥是怎樣啄出這麼圓的洞啊？

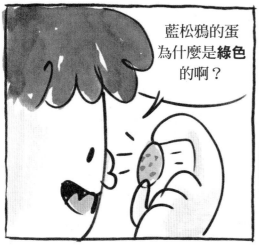

藍松鴉的蛋為什麼是**綠色**的啊？

約翰！大衛！現在就給我下來，否則我……

40

暮色中的噴泉湖草地是一個神奇的地方，閃耀著數百萬個魔法般星星點點的光。

螢火蟲！

我們去抓牠們！

3. 發明天才
約翰・繆爾

自由玩耍的時間很快就結束了。我十二歲時，爸爸說我已經夠大了，可以像個男人一樣幹活了。在荒野中蓋房子與農場是一件很辛苦的事，每一天，白天的每一個小時都在……

砍樹……

挖土……

掘樹根……

蓋籬笆……

蓋穀倉……

蓋房子……

然後繼續
挖土……

鏘鏘！

除了挖土，
還是挖土
……

鏘鏘！

鏘鏘！

挖一口井也要挖好多好多天……

鏘鏘！

直到……

鏘

我在地下深處挖到有毒氣體。

他們用一個桶子把我吊上來，我幾乎只剩下半條命。

嗎嗎嗎⋯⋯

隔天，我又馬上回去工作！

我還是覺得很不舒服。

啊，你沒事的。

我的身體愈來愈疲憊，但腦袋卻充滿渴求，閒不下來。

每天，我吃完晚餐就上床，隔天凌晨一點就醒來。

這樣一來，在黎明到來、真正的差事開始之前，

我就有**五個小時**的時間可以閱讀。

啾啾！

那幾年的時光轉眼飛逝，我的頭腦裡充滿了各種點子！我開始瘋狂發明東西：鐘、

風速計、

餵馬機，

還有瘋狂的早起機！
一張會叫醒你的床！

唉唷！

我想闖出名號，於是離開家，把我的發明帶到麥迪遜的威斯康辛州展覽會上。

輪到我了！

別推！

人們大排長龍來看我和我發明的機器。我很快變成了名人！

他是天才！要叫我家這小鬼下床太難了。

青年發明奇才
令人著迷
人潮不斷！
貨真價實的
天才！

4. 黑暗突然降臨……

我仍然熱愛大自然與美，所以一賺夠了錢，我就實現念大學的夢想，去學習有關這個世界的一切。

但我也喜愛工廠裡的嗡嗡聲與興奮感……我的未來該往哪走呢？

先生，有在徵人嗎？

有啊，如果你有肌肉的話！

在工廠裡，發生了一件可怕的意外——我的眼睛失明了，但我也因此發現我真正想做的事。

劈

滑！

OPOT OPOT OPOT！

我的眼睛！
我看不見了！

醫生說，我永遠看不見了。

我很抱
歉⋯⋯

這些日子是我人生中
最黑暗的時期。

60

我聽得見風聲與鳥聲，但眼前仍然一片漆黑。

等一下……那奇怪的光是什麼？

用力拉

拉

啾啾！

現在我知道我真正想做的事了。

我康復了！我看得見了！我決定有生之年，都要走進美麗的荒野之中！

5. 一千英里的徒步之旅

我就像在沙漠中迷路的人，發現了綠洲就一定要喝水一樣。

呵咿

伸懶腰

但我想「喝下」的是整個世界！

水花四濺！

我想跳進去，讓自己沉浸在它的奇妙之中。

鞋帶！
綁好！

為了暢飲大自然的宏偉風光
我踏上了一千英里的徒步之旅。

我跟著我的鼻子走。荒野中充滿了令人難忘、不知名的氣味……

奇怪的動物叫聲……

嗚嗚啪

美麗的植物與花卉……

在田納西州，我發現了我從孩提時代就夢想見到，

但從未見過的東西。

一座山！這是我看到的第一座山！

一路上我也冒了很多險……

手舉起來
把錢
掏出來！

我身上沒錢，
只有……

嘩啦
嘩啦

這些。

伯恩斯
詩集

肥皂

就這樣
？！

伯恩斯
詩集

那就
收回去吧。

錢花光了之後，我在喬治亞州的薩凡納用樹枝蓋了間小屋。

動物都以為，我是窩在巢中的某種奇怪大鳥。

伯恩斯
詩集

我看這人倒是有點古怪❹。

家人幫我寄來存款，我的口袋又有錢了，我計畫航向南美。

❹原文為nutty，此處引申為「古怪的」意思，原意為「像堅果的」。

但我在佛羅里達州染上瘧疾。

噁……

嗡

叮！

哎喲！

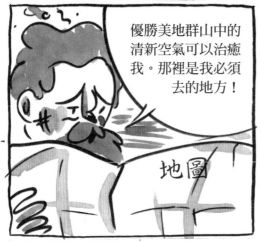

優勝美地群山中的清新空氣可以治癒我。那裡是我必須去的地方！

地圖

我在一千英里的旅程中大飽眼福，我還要在人生中多走幾趟千里之旅。

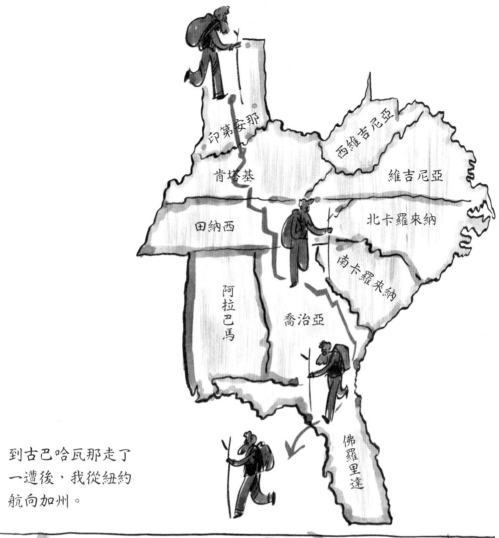

印第安那

西維吉尼亞

維吉尼亞

肯塔基

北卡羅來納

田納西

南卡羅來納

阿拉巴馬

喬治亞

佛羅里達

到古巴哈瓦那走了一遭後，我從紐約航向加州。

多麼壯麗的景致啊！

6. 群山在呼喚我！

1868年春天，我抵達了加州的大中央谷地，親眼見識到雄偉的內華達山脈。

漫山遍野開滿了花的廣闊山谷在我眼前展開，像是一座布滿彩虹的湖泊。更遠處，就是高大的層層山巒。

我把這些山稱為光脈。

好美啊！
這些山脈在陽光下
閃閃發亮，好像是
由光所形成的。

然後我出發前往我很久以前就
想看的優勝美地峽谷。

優勝美地
Yosemite

優勝美
……？

「優—勝—美—地」
是這樣唸的。

優勝美地
Yosemite

優勝美地峽谷的風向我吹來了它們的清新氣息。

暴風雨給了我它們的能量。

我的煩惱很快就像秋天的落葉一樣消失不見。

我又充滿活力了！

這個世界的希望就在還未遭到破壞的廣大荒野中。

我找了一份牧羊的差事，讓我可以好好研究優勝美地。我想寫它，向全世界展示大自然的可愛與美妙。

爬山時，大自然的寧靜撫慰著你的心靈，有如陽光流瀉在樹林間。

我們彷彿與所有的星星邀遊天際、融為一體，一同閃耀。

整個宇宙的美無窮無盡，如風暴般席捲而來！

我發現最能融入宇宙萬物的方式，就是去荒野中的森林。

我從沒看過一棵不快樂的樹。

樹木可以移動得和我們一樣遠，隨著每一陣風，向四面八方漫遊，

也和我們一起隨地球公轉，繞著太陽移動，

一天可以移動二百萬英里！

而且從高空往下看，天知道樹走得有多快、有多遠！

喔！

啾啾！

每兩棵松樹之間，就有一扇通往嶄新生活方式的門。

這才是生活！

有晚餐吃了！

有晚餐吃了！

7. 阿拉斯加冰川歷險

在山裡住了幾年之後，我回到人類的世界。我結了婚，並成為一個果農。

露意莎和我很快有了兩個女兒，旺達與海倫。

雛菊、毛茛、勿忘我、蒲公英……

蒲公螢？

我們需要學會**所有花**的名字嗎？

如果別人不知道**你的名字**，你也會不開心的！

在當了十年農夫之後，我覺得自己像是一隻被關起來的獅子，再一次憧憬著荒野。

露意莎賣掉了一部分的牧場，這樣我就有錢從事我的自然工作。

爸爸，這是給你路上吃的水果！

李子、蘋果和梨子。

那你出發吧！我們會照顧好自己。

你是最棒的。

在內華達山脈的高處，我發現了一條冰川，這些巨大、古老的冰河一定是以某種方式鑿開大山谷。

我想證明我的理論，所以我去看阿拉斯加的活冰川。

我的同伴是一隻叫史蒂金的狗。

我們一起在冰川灣探險，這是一個沒有人知道的入口，周圍群山環繞，到處都是冰山。

冰川緩緩移動、流經山脈時，一路挖蝕山石、慢慢鑿出一條通道，我研究著冰川深深的裂隙，以及它強而有力的移動方式。

萬物川流不息，

包括動物、

所謂的無生命的
岩石、

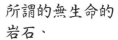

以及水流，都是這樣。

還有巨大的冰川、

雪崩、

夾帶著礦物與岩石的大洪水、

攜帶著植物葉子與孢子的氣流……

而星星在太空中漂流，持續不斷地閃爍，就像血液在大自然的溫暖心臟中永恆地脈動。

※砰轟！

太陽下山了。當我們試圖趕路回家時，暴風雪的陰霾籠罩著我們。

我們掙扎著穿行在錯綜複雜的冰上迷宮，到處都是不小心掉進去會死人的裂隙。

看來我們被困在一座都是冰的島上了！

嗚嗚……

然後我們遇到一個又寬又深、無法跳過的鴻溝。但我們又無法回頭，因為後面的河岸太高了。

87

要跨越那道鴻溝的唯一希望，就是那條又長又薄的冰橋。但冰橋的中央向下凹陷，且正在融化。

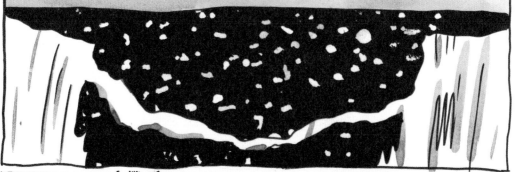

鏘

鏘

我們必須往下爬才能到達冰橋，然後爬上另一邊陡峭的懸崖。我們辦得到嗎？

跟上來，
史蒂金。
看，我已經在冰上敲出臺階了。
不用怕。

我嚇死了！

你這個瘋狂
的人類！

向上攀爬時，我的手指都凍僵了。這真的很危險，是我做過最危險的事。

成功了！

現在換你了，史蒂金。來吧，好傢伙！

FWOOOOO!

※嗷嗚嗚嗚（嚎叫聲）

89

不要。

但史蒂金也看不到其他的路，牠冒險踏上了冰橋。

當冰冷的風吹向牠時，我連大氣也不敢喘一下，我希望牠不要滑倒。因為狗不太會爬……

牠可以走到另一頭嗎？

滑！

AWOOOOOO！

WUUUUU

你可以的，
好傢伙！

91

在一望無際的曠野中，史蒂金跳
上了冰階，而且速度快如閃電，
最後安全地到了我的身邊。

奇蹟狗狗！

汪！

汪汪汪汪汪汪汪

這隻了不起的狗，瘋了般地奔跑著，在雪地上咆哮、嚎叫與翻滾著，只因為還安然活著而樂瘋了。

汪！

從那天起，我們就成了靈魂伴侶。

史蒂金教會了我人生最重要的其中一課……

人類與動物是地球上真正的盟友。

哈哈哈！看到我做的沒？看到沒？

我們心中都充滿了愛、希望與恐懼。

永遠都是最好的朋友。

這世上的每一種生物，都是天生的一家人。

嗚呼！

8. 改變世界的野人

阿拉斯加冰川的冒險之旅讓我明白了一件美妙的事。

謝謝，史蒂金！

我認為動物並不是為了服務人類而來到地球上的。這想法與我同時代的人不同。

我的意思是，鱷魚對哪個人有好處？

晚餐吃魚！

現在我已經確定，古老的冰川就像巨大的冰刀，確實鑿出了優勝美地峽谷與山脈。

愚蠢的牧羊人！

冰川？什麼鬼話！

胡說八道！

沒有人相信我提出來的新理論，所以我回到我的山上，想要找到證據……

這些凹槽與紋路顯示，冰河在穿過基岩時，挖出了巨大的通道。

啊，他說的是對的！

上一次冰河時期的冰川，打造出了這個谷地！

現在，我非常熱中於讓人們理解為什麼我們必須保護地球。這會是我人生中最了不起的工作。

讓孩子在樹林、草地、平原、群山中，與大自然同行。我們的身體生來就是要在空氣清新的地方才會強壯。

但是夏天的山野非常嘈雜，濃煙燻黑了空氣，因為伐木工人在清理、砍伐樹林。

因此我開始了保護美國森林的宣導活動。

我寫信給美國人，告訴他們森林被破壞的情形。雖然我很容易緊張，但還是公開演講了很多次。

一座充滿三千年大樹的古老森林，一瞬間就會消失。

我希望美國人愛惜與保護大自然，特別是加州美麗的高原。
因此我參與成立了山巒俱樂部❺，並當了22年的會長。

我也協助在很多美妙的荒地
成立國家公園，

優勝美地
國家公園

例如優勝美地，
以及大峽谷。

朋友們，
到野外聚會吧！

為荒野做點什麼，
讓群山
高興起來！

❺山巒俱樂部（Sierra Club）為美國歷史最悠久、規模最大的環保組織。

我因演講和著作而成名。

然後我遇到了……美國總統！

我們去野外露營吧！

好的，羅斯福總統。

但總統先生，我們為您準備了豐盛的晚餐……

對不起，我太忙了！約翰，帶我去優勝美地吧。

我們在優勝美地露營了四天。我，來自鄧巴鎮的約翰·繆爾，

還有西奧多·羅斯福總統！

我們爬上了冰川點，我向他展示了我心愛的曠野的所有美好之處，

也談到了保護森林和自然的問題。

我將保護1.48億英畝的森林，並成立許多新的國家公園！

太好了！我們絕對不能浪費荒野。荒野是必要的，它不只是木材的泉源，還是生命本身的泉源。

樹木是世界之肺——我們的朋友與保護者。

無論時代如何改變，我們都必須
照顧森林。

如果我們砍光了樹，會發生什麼事？

9. 跟著地球
繼續轉動……

我的人生就是一場大冒險。

我有一個夢想，我為此而不斷努力。

我胸懷大志。

我越過海洋，去探索地球各地的大河與森林。

65歲那年，我環遊世界，去了南極洲以外的每一個大陸。

73歲時，我跋涉了40,000英里，去了南美和非洲。

為了尋求世界上的荒野精神，我會依心而行，直到我閉上眼睛。

我還回到了自己的出生地鄧巴鎮，那是我對冒險充滿熱愛、對世界充滿好奇的起點。

和那個爬過城堡高牆的笨拙男孩相比，我已經改變了很多。

但我每到一個地方，人群都蜂擁著要和我打招呼。

孩子們也會跟著我走，好像我是吹笛人！

我的老家！

我記得我們的 *scootcher* 遊戲……

那是約翰·繆爾。他還是瘦瘦小小的小鬼時，我就認識他了——他現在是世界名人了！

是嗎？他有錢嗎？

到野外去聆聽大自然對你說的話。

聆聽風的聲音。

欣賞一下鳥兒的
完美飛行。

感受一下你周圍與
內在的生命力。

活在這世上，
別一板一眼的，
迷路也可以
很快樂！

每個人都需要美感與
麵包……

還有可以玩耍
的地方！

我留下來的精神遺產，在我死後許久仍將繼續存在。

我的臉孔會出現在郵票和硬幣上。

各式各樣的東西以我的名字命名：

一顆小小的星球

一種高山兔

一條冰川

一種蝴蝶

一種玫瑰

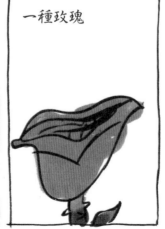

一種鳥

113

儘管我現在已經老到不適合冒險了，但荒野仍然呼喚著我。

於是我坐在爐火旁，在回憶的汪洋中航行，重新回味過往美好的生命之旅。

有一段記憶不斷地湧現

劈啪

像拍打海岸的波浪，

汪！

比所有其他的回憶更清晰、更強烈。

在阿拉斯加冰川上的那一天，仍在我的心中翻騰。

我又聽到了在凍結的山脈、一片白色冰雪中呼嘯的風聲。

史蒂金在我旁邊，我們一起對抗風暴，

穿越致命的裂隙。

太陽總會在某處升起。

永恆的日出，
永恆的黎明，
隨著地球
轉動……

在冰川上發現的感動，始終留在我的心中。

我們是大自然的一部分，大自然的荒野之心也是我們的一部分。

這個星球上的人類和所有在地球出生的同伴

彼此緊緊相連。

我也看到了雪花如何撼動山岳。如果數百萬的雪花能彙聚成冰川，

並產生緩慢移動的力量，

強大到足以撼動山脈、

鑿出山谷——

118

那麼每一個人類的數百萬個
小小行動，

我們每天所做的所有小事，

隨著時間的累積，也肯定會
帶來巨大的變化。

這份力量如果不
想用來毀掉這顆
宏偉的星球，

就要用來保護我們在浩
瀚宇宙中的珍貴家園。

劇終

直到今天，全世界仍然受到曠野中
這個人的生命和聲音的啟發：
他是蘇格蘭的兒子、
美國的養子、
地球守護者的先鋒，
以及第一位現代環保主義者。

約翰・繆爾呼籲我們所有人，要看得
比眼前的日常生活更遠，要享受大自
然的美妙奇觀；為了後代的子孫，我
們要視自己為宇宙的公民與地球的守
護者。

約翰 · 繆爾
生平大事記與精神遺產

1838　4月21日，約翰 · 繆爾於蘇格蘭鄧巴鎮出生。

1841　開始上學。

1849　11歲時移民到美國威斯康辛州。

1860　22歲離家到威斯康辛州麥迪遜，在州農業博覽會上展示他的發明作品。

1861-2　就讀威斯康辛大學。

1867　眼睛受傷；開始一千英里徒步走到佛羅里達，接著去古巴。

1868　從紐約航行到舊金山，然後徒步穿過加州到優勝美地。愛上了內華達山脈與優勝美地。完成所有的旅行之後，約翰在優勝美地住了好幾年。這段期間也開始探索冰河作用的跡象。

1871　在知名雜誌發表文章，成為作家。

1874　開始救樹宣導活動，並提出形成優勝美地山谷地形的冰河理論。

1879-90　多次前往阿拉斯加探險。

1880　4月14日，約翰與露意莎 · 旺達 · 史翠卓（Louie Wanda Strentzel）結婚。育有兩個女兒，並在他們的牧場定居下來。

1890　由於寫了很多文章，他開始推動荒野保護行動。優勝美地成為國家公園。

1892　協助成立山巒俱樂部，並擔任會長，直到去世。

1893　開始歐洲之旅。

1901　出版著作《我們的國家公園》（*Our National Parks*）。

1903　西奧多 · 羅斯福總統在五月中旬到優勝美地旅行，並與約翰 · 繆爾一起露營、健行、騎馬。

1903-5　進行探索世界之旅。

1907-13	為保存赫奇赫奇（Hetch Hetchy）山谷而努力。出版多部著作。
1908	繆爾紅木森林國家紀念地（Muir Woods National Monument）於加州米爾谷成立。
1911-12	進行南美與非洲之旅（時年73歲）。
1914	12月24日，於洛杉磯醫院死於肺炎。
1919	約翰早期的活動促成大峽谷國家公園成立。
1938	約翰繆爾步道完成，長達212英里的山徑，經過優勝美地、紅杉與國王峽谷國家公園。
1964	繆爾在加州馬丁尼茲的故居，成為約翰繆爾國家歷史遺址（John Muir National Historic Site）。
1976	在蘇格蘭鄧巴鎮設立約翰繆爾鄉村公園（John Muir Country Park）。
1981	約翰繆爾出生地博物館（John Muir's Birthplace museum）開幕，位於蘇格蘭鄧巴鎮。
1983	為了保護荒野，約翰繆爾信託基金會（John Muir Trust）於蘇格蘭成立，隨後買下蘇格蘭的土地與山峰，包括希哈利恩山（Schiehallion）與本尼維斯山（Ben Nevis）。
1988	4月21日，加州訂立約翰繆爾日。
2005	約翰‧繆爾與優勝美地半圓丘、加州兀鷲一起出現在加州發行的25分錢州紀念幣中。
2006	洛杉磯業餘天文學家R. E.瓊斯（R. E. Jones）把一顆他在2004年發現的小行星，正式命名為約翰繆爾（Johnmuir）。

資料來源：約翰繆爾國家歷史遺址、約翰繆爾信託基金會、山巒俱樂部網站（sierraclub.org）

專有名詞

A

anemometer	風速計	用以測量單位時間風量的儀器。
avalanche	雪崩	大量冰雪位移並從山坡上迅速墜落。

B

bobolink	食米鳥	一種鳥類，與黑鸝屬於同一家族，於北美築巢，到南美過冬。食米鳥頭部有白色或黃色的羽毛。

C

chickadee	山雀	小型鳴鳥，棲息於北美與加拿大。
continent	洲	巨大、連續開展的陸地，可容納許多國家。世界七大洲為歐洲、亞洲、非洲、北美洲、南美洲、澳洲與南極洲。
crevasse	裂隙	深陷、大開的裂口，通常出現在冰河。

G

gannet	鰹鳥	大型海鳥，有點像海鷗。鰹鳥毛色以黑白為主，棲息於北美洲等全世界多處海岸。
glacier	冰河、冰川	體積巨大、持續移動的冰，由冰雪層層疊疊緊密結合而成。冰河在陸地上成形，並且移動得非常非常緩慢。

L

legacy   **遺產**   人在死後遺留下來的事物；其他人所記得的關於逝者的事蹟。

M

malaria   **瘧疾**   由寄生蟲引發的疾病，經由瘧蚊叮咬傳播，病徵為發冷與發燒。

nuthatch   **五子雀、五十雀、鳾**   小型鳥，身上通常有著明亮的毛色。五子雀大多可見於北美、亞洲與歐洲。

S

skylark   **雲雀**   小型棕白鳴鳥，頭上有冠。雲雀主要棲息於歐洲、亞洲與北美。

靈感來源

擷取或改編自*John of the Mountains: The Unpublished Journals of John Muir*,
Linnie Marsh Wolfe編 (Ma dison: University of Wisconsin Press, 1938).
Copyright © 1938 by Wanda Muir Hanna. John Muir Papers, University of the
Pacific © 1984 Muir-Hanna Trust.

   p. 73: "The hope of the world...," p. 317.

   p. 76: "The clearest way into the Universe...," p. 313.

   p. 76: "I never saw an unhappy tree...," p. 313.

   p. 100: "Our bodies were made to thrive...," p. 191.

   p. 101: "The wrongs done to trees...," p. 429.

   p. 116: "It's always sunrise somewhere...," p. 438.

改編自約翰・繆爾給妹妹莎拉（Sarah Galloway）的信，1873年9月3日。收錄於
John Muir Papers, University of the Pacific © 1984 Muir-Hanna Trust.

   p. 70: "The mountains are calling me!"

改編自約翰・繆爾於藏書頁緣的手寫筆記，此書為*The Prose Works of Ralph Waldo
Emerson*, vol. 1. Beinecke Rare Book and Manuscript Library, Yale University.

   p. 77: "Between every two pines...."

約翰・繆爾，*The Mountains of California* (New York: The Century Co., 1894).

   p. 111: "Be joyfully loose and lost...," p. 72.

約翰・繆爾，*My First Summer in the Sierra* (Boston: Houghton Mifflin, 1911).

   p. 34: "Everything is hitched...," p. 216.

   p. 84: "Everything is flowing...," p. 316.

   *本書中文繁體版為《夏日山間之歌》，立村文化出版。

約翰・繆爾，*Our National Parks* (Boston: Houghton Mifflin, 1901).

   p. 74: "Climb the mountains...," p. 56.

   p. 104: "We mustn't waste the wilderness...," p. 2.

約翰‧繆爾，*Story of My Boyhood and Youth* (Boston: Houghton Mifflin, 1913).

 p. 14: "I loved everything that was wild," p. 1.

 p. 21: "We loved to watch the waves...," p. 2.

 p. 28: "No more study...," p. 53.

 p. 40: "How do woodpeckers...," p. 65.

 p. 40: "This sudden splash...," p. 63.

約翰‧繆爾，*A Thousand-Mile Walk to the Gulf* (Boston: Houghton Mifflin, 1916).

 p. 34: "The world, I'd been told...," p. 136.

 p. 100: "Let children walk with nature...," p. 70.

 *本書中文繁體版為《墨西哥灣千哩徒步行》，馬可孛羅出版。

約翰‧繆爾, *Travels in Alaska* (Boston: Houghton Mifflin, 1915).

 p. 74: "We're fl ying through space...," p. 6.

約翰‧繆爾, *The Yosemite* (New York: The Century Co., 1912).

 p. 111: "Everybody needs beauty...," p. 256.

Sierra Club Bulletin, vol. 10, no. 2 (1917).

 p. 102: "Do something for the wilderness...," p. 138.

致謝

衷心感謝出色的Marc Lambert、Koren Calder、Philippa Cochrane，以及蘇格蘭圖書信託基金會（Scottish Book Trust）的所有人，他們使這本書的出版成為可能，沒有他們，這本書不可能順利出版。也要感謝創意蘇格蘭（Creative Scotland）、蘇格蘭自然遺產（Scottish Natural Heritage）、約翰繆爾信託基金會，以及蘇格蘭各地的學生和教育工作者，提供令人讚嘆的絕佳意見、協助與支持。
非常感謝優勝美地保育協會（Yosemite Conservancy）和Nicole Geiger，為我們的故事添加色彩、如虎添翼。

作者與繪者簡介

茱莉·貝塔納(JULIE BERTAGNA)是一位屢獲殊榮的蘇格蘭作家，享譽全世界。她為兒童和青少年所寫的書籍和短篇小說，已經在全世界各地出版。現代經典作品《出埃及記》（*Exodus*）更獲得了多個獎項，包括地球之友創意生態獎（Friends of the Earth Eco Prize for Creativity）和聖塔莫妮卡公共圖書館綠色文學獎（Santa Monica Public Library Green Prize for Literature）。

她的五本青少年小說曾獲英國著名卡內基文學獎（Carnegie Prize）提名。其他入圍決選獎項，包括惠特貝瑞年度最佳童書獎（Whitbread Children's Book）和圖書信託基金會青少年小說獎（Booktrust Teenage Prize）。她在家鄉蘇格蘭所獲得的獎項，則有年度最佳兒童讀物和觸媒者圖書獎（Catalyst Book Prize）。有關茱莉的更多資訊，請參考網站：juliebertagna.com，以及Twitter上的@JulieBertagna。

威廉·戈德史密斯(WILLIAM GOLDSMITH)是住在莫斯科的英國作家和插畫家，他在那裡的英國藝術高等學校教授插畫。他的作品出現在英國和海外一系列的出版品和展覽中。他的另外兩本圖像小說是凱普出版社（Jonathan Cape）發行的《裝訂》（The Bind）與《伊斯托夫花絮》（Vignettes of Ystov）。目前正在創作給中高年級孩子的故事集。有關威廉的更多資訊，請參考網站：williamgoldsmith.co.uk。

到推特發送訊息給茱莉吧！

後記
公園是為你而設的

約翰・繆爾是美國最知名、最有影響力的博物學家和環境保護主義者。他努力不懈地拯救荒野，他所傳遞的訊息影響範圍廣泛，也包括立法者。繆爾在報紙、雜誌、書籍和信件中所書寫的文字，對於說服美國政府保護優勝美地、大峽谷、雷尼爾山（Mount Rainier），以及加州許多古老紅杉林和其他地區成為國家公園和紀念區，非常有幫助。

今天，大家會到以約翰・繆爾為名的公園和休閒園區參觀遊玩，這些地方包括：約翰繆爾國家歷史遺址，位於他在加州馬丁尼茲的故居；約翰繆爾紅木森林國家紀念地，是舊金山附近巨大的海岸紅木所在地。約翰繆爾步道，位於加州內華達山脈，長210英里；田納西州契洛基國家森林公園中長約21英里的約翰繆爾步道；以及位於佛羅里達州優利（Yulee）、四分之一英里長的約翰繆爾生態公園（John Muir Ecological Park）步道。如果你去蘇格蘭，還可以徒步或騎單車經由約翰繆爾之路（John Muir Way），穿越蘇格蘭中部，從一邊的海岸到達另一邊的海岸。的確，幾乎所有你去過的公園或荒地，都欠了繆爾一份情，他永遠站在大自然的那一邊，從未停止奮鬥。

對約翰・繆爾表達敬意的方法，就是去你家附近的公園走一走！很多公園經由大眾交通運輸工具就可以到達，有些需要開車前往，也有的步行就可以抵達。進入公園的費用不一樣，可以查一下你想去的公園是否有免費入園日。記得帶上背包，裡面裝著零食、水（一天至少一公升）與午餐，就可以輕鬆野餐。還要帶上防曬油、額外衣物，以及運動或健行專用鞋。因為手機與GPS有時候會不通，帶著地圖也是一個好主意。在公園時，記得響應「無痕山林」（leave no trace）原則：把所有的垃圾，包括碎屑，放到適當的集中區，或者把垃圾帶回家丟更好。

最重要的是，自然保護區屬於每一個人（也包括你），去享受探索它們的樂趣。只有親自走到野外，我們才能體會約翰・繆爾很久以前所體驗與分享的事，直到今天，依然真實不虛：人需要荒野，荒野也需要人的守護。